Markus B. Bolli

BABA POEM IV

Von wirklichen Klängen und wahren Visionen
(Gegebenheiten der Solokunst)

© 2021, Markus B. Bolli
TWENTYSIX
Eine Marke der Books on Demand GmbH
Herstellung und Verlag:
BoD – Books on Demand, Norderstedt
ISBN 9783740783525

Markus B. Bolli

BABA POEM IV

Von wirklichen Klängen und wahren Visionen

Markus B. Bolli

Bürgerlich Markus Bolli, geboren in Thayngen (SH) am 1.6.1986
Lebend in Dittingen (BL) als freier Musiker und Autor.
Gedenkt an seine lebende Ahnenlinie und an seine Freunde von überall und der Muse.

Erarbeitet in:

- Dittingen BL/CH
- Truro UK
- Madrid ESP – Reina Sophia
- Basel CH
- Allg. Schweiz

Schaffensbeginn: 26.8.2016 - Dittingen BL/CH

Erarbeitung des Werkes von Weihnachten 2016 über die Weltentage bis in das Jahr 2017.

1. Dimensionen verschiedener Ethik
2. Chance zur Ethik der Welt
3. Ewigkeit (..und die Geschichte begann)

Lyrische Gegebenheiten zur Solodarstellung

4. Der Sinn einer Kunstform
5. Die schaffende Kreativität
6. Sinne des kreativen Arbeitens
7. Die künstlerische Darstellung

8. Der Kontext Akustik als Soloform
9. Progressivität in der Solokunstform
10. Ausdruck aus geringer Masse
11. Die Vielfältige Kunst der Einfachheit

12. Umsetzung rhythmischer Soli in posttraditioneller Form (WPS)
13. Geistkräftiges erarbeiten rhythmischer Soli
14. Von Ausdrucksschaffung und Impression
15. Solokunstform als Kunstform
16. Solokunst als schöpferische Gegebenheit
17. Die Erschaffung von musikalischer Energie im Raum
18. Lautmalerei in der Solokunst (Onomatopoesie im Rhythmus)
19. Produktivität als Solokünstler
20. Der Chronolog eines Solokünstlers
21. Schaffung von Fülle in der Solodarstellung oder
    Von der Fülle der Solodarstellung
22. Die raumfüllende Solodarstellung
23. Erfüllung in der Solokunst

24. Solokunst als Bestimmung und Omen
25. Urinstrumente in der Soloperformance

26. Die lyrische Welt der rhythmischen Harmonisierung (Rythharmonie)
27. Philosophische Welten der rhythmischen Melodien (Rhythmelodie)
28. Rhythharmonische Entstehungsgeschichten
29. Weltenlebende Rhythmusmelodien und Weltenliebende Harmonierhythmen

Von Uhr, Zeit und Klang

30. Durch eine Saite schwingt die Entstehung der Welt
31. Urklang oder das Urkonzert
32. Klänge aus vergessenen Welten
33. Die Ästhetik eines Urklanges
34. Niemals vergessen und immer noch modern
35. Rootsscales und die Tonleitern der Urzeit
36. Von Uhr, Zeiten und Klang
37. Instrumentarium alter Zeit
38. Kunst und Formen auf unserer Welt

Wirklichkeiten der Klänge

39. Wirklichkeiten der Klänge
40. Unfassbar zeitlich
41. Fassbar zeitlich
42. Unantastbar zeitlich
43. Wie wirklich können die Klänge sein
44. Wo gehn sie hin – wo kommen sie her
45. So echt wie die Zeit

Von Verwirklichung und Vergeisterung

   46. Vom Realismus und Träumen
   47. Entstehung bis die Klänge im Winde der Zeiten vergehn
   48. Existenz der Vergänglichkeit – Ewigkeit
   49. Vergänglichkeit als Ewigkeit
   50. Leben in der Ewigkeit
   51. ...und ewig der Klang im Ohre...
   52. Zeitens die Entstehung, gegebenenfalls die Ewigkeit
   53. Die Uhr des Klanges
   54. Philosophie der Zeit
   55. Von Entstehung und dem ewig währenden Sein der Zeit
   56. Wo die Sonne klingt wie sie scheint, sowie der Schnee das Licht und das Universum niemals endet
   57. Zeit ist Klang
   58. Klangzeit
   59. ...oder einfach woher, wohin und wieder zurück...

Vorstellungen oder Imaginäre Klangvisionen

   60. Was die Vorstellung zu Klange macht – Was der Klang zur Vorstellung macht
   61. Was das Auge sieht und das Ohr da hört
   62. Von der Imagination zur Ewigkeit
   63. Welche Wirklichkeiten auch immer
   64. Klangvisionen
   65. Von der Schwingung zum unendlichen Klang
   66. ...und wie lange bleibt es denn klang...

Entstehung, Erneuerung und gegebenenfalls ein Ende

Entstehung

67. Woher die Schöpfung auch kommen mag
68. Erschaffung vom Klange auf Erden
69. Aus dem Klange
70. Die Wiege des Klanges
71. Von Anfang an da

Erneuerung

72. Erneuerung klanglicher Gegebenheiten
73. Erneuerung als Erhaltung der Harmonie
74. Erneuerung der Welt als die Erhaltung der Harmonie und des Lebens
75. Eine Wiederentstehung des Klanges
76. Chance zum Frieden
77. Klänge des Friedens
78. Klangliche Neuerungen als Fülle

... und gegebenenfalls ein Ende...

79. Das Nichts im Klange
80. Nichts als Schwingung
81. Die Bedeutung des Endes in der immerwährenden Schwingung
82. Was sein könnte und was Berge versetzen kann
83. Das Märchen vom Anfang des Klanges oder Geschichten die niemals enden können
84. Was wenn der Klang zergeht
85. Die Unmöglichkeit des Zerfalls

Wiederaufbau

86. Wiederaufbau und Erneuerungen
87. Schwingung sei ewig
88. Auch wenn es im Scheine zerfällt, die Ewigkeit sei immer da
89. ...und wie der Klang so wieder entsteht...
90. Von Neuem gespielt, von Neuem entstanden

Schöpfung

91. Schöpfung des Klanges
92. Ob Anfang oder Ende, allseiend der Klang
93. Schwingung sei seiend
94. ...und von aller Ewigkeit...
95. Was nicht schwingt, das nicht klingt
96. Von Leben und Schwingung
97. Mythen voller Klang
98. Klangmythen
99. Geschichten aus purer Schwingung
100. Die Erringung der Schwingung
101. Erdenklänge
102. Unglaublich wie die Erde entsteht
103. Die unglaubliche Mythe der Schwingung

Von Rhythmen, Welt und Universum

104. Rhythmen die die Welt erlauben
105. Der Rhythmus aus dem die Welt entstand
106. Das Universum als Rhythmus
107. Die Welt als universelles Rhythmusgefüge
108. Rhythmen der Welt
109. Die Welt als Rhythmus

110. Welche Schwingung dem Rhythmus innewohnt
111. Geräusch sei Entstehung
112. Am Anfang war das Geräusch – Am Anfang war der Klang

Erleuchtung in diesem Sinne

113. Erleuchtung in diesem Sinne
114. Von Geräusch, Klang und Erleuchtung
115. Die Erleuchtung des Klanges
    oder
    Mit dem Klange zur Erleuchtung

...Und zu guter Letzt...

116. Wo kein Ende da sei, da spielt die Musik in alle Ewigkeit
117. Wo ein Ende sich zeigt,
    beginnt der Klang zu sein
118. Ob der Anfang oder das Ende,
    die Schwingung nie vergehen mag
119. ...Am Ende war der Klang –
    Am Ende war das Geräusch
120. ... und so war der Klang allseiend...
121. Niemals ein Ende da sei
    oder
    Anfang und Ende
122. ...und so ward der Klang zum Alleinen...

Von wirklichen Klängen und wahren Visionen

Lyrische Gegebenheiten zur Solodarstellung

1. Dimensionen verschiedener Ethik

Die Musik spielt in jeder Kultur seine Wege
In jeglicher Form und Weise
Alle Art von Schaffenskraft sei ein Teil des Ganzen
An jeder Ecke der Welt ist die Zelebrierung vom Klange allgegenwärtig
So trifft das Schwarz auf das Weiss und die Sonne auf den Mond
Die Kunst der Zeit enthält Dimensionen verschiedener Ethik
Ob hier oder da und weg oder geblieben
Farbreichtum als Zeichen von unabdingbarem Frieden
Kultur als Chance für immerwährende Liebe
So trifft der Mensch sich in der Mitte des Lebens und seiner Selbst
Wie die Kulturen auf immer und ewig

2. Chancen zur Ethik der Welt

Wenn die Klänge der Mutter Erde nicht spielen würden
Wäre die Welt im tiefen Schatten vergangen
Dort wo die Sonne nicht zu scheinen vermag
Unser Gefühl und die Chance zum Seelenschein
Zu Leben und die Liebe
Das Sein in Dankbarkeit und der Achtsamkeit
Akzeptanz und die Liebe sowie die Planeten im
Universum miteinander schwingen
Überall wo das Schattendunkel da herrscht
Kein Gedanke zur Hoffnung bleibt
Ist das Licht des Klanges nie unmöglich
Zu scheinen in der Unendlichkeit der Weltenseel
In den Weiten der allseienden Weltenmusik da klingt
Die Erde ist eine unabdingbare Möglichkeit
Eine Chance zur Ethik der Welt

3. Ewigkeit (Und die Geschichte begann)

Und so sitzen wir da und sind
Schauen und hören das Sternenlicht so herrlich es ist
Die universelle Energie und der Klang des Lichtes
Trägt uns in unendliche Weiten
Zu den Landen der Liebe, der Freiheit und des Friedens
Eine Geschichte beginnt und endet
Aber sie kann immer wieder und wieder gelesen und
gehört werden
Sie ist allseiend und ein Sakral wie in Stein gemeisselt
Und die Geschichte begann zu leben und sei niemals da
endend

Lyrische Gegebenheiten zur Solodarstellung

4. Der Sinn einer Kunstform

Neues zu erschaffen
Unmögliches und wunderbar
Die Ästhetik zerfliesst im Sternenmeer
Erhörungen und Erlesungen welche die Welt erhalten
Zu sehen und hören wie der Mond uns anlacht von
seiner ganzen Liebe und Pracht
Formen der Kunst so vielfältig wie die Farben der
Gezeiten
Bildnisse, Tonträger, der Kult und ein vielallsophischer
Opus
Welten die ohne die Formen der Kunst nicht leben
Existenzen erschaffen für die Realitäten im Hiersein
Kunst umfasst hier, jetzt im Diesseits sowie im Jenseits
auf jeder Seite
Sinn und Zweck sind die Unendlichkeit, wie der
allseiend weite Weg
Ans Ende bis in die Mitten des allumfassenden
Universums
So Klang, Bild und die Liebe
Wie Skulpturen im Sonnenschein unseres Empfindens
walten

5. Die schaffende Kreativität

Muse im Inneren unseres Seins
Niemalsendende Quelle der Schaffenskraft
Produktivität als Motivation des kreativen Prozesses
Phasen voller Inspiration der Schöpfung
Machensenergie heisst fliessende Kreativität
Im Rhythmus mit dem Puls der immerwährenden Schwingung
Im einen mit allem Leben und allem seines Seins

6. Sinne des kreativen Arbeitens

Vom Bewusstsein des Künstlers bis in die Empfindsamkeit der Muse
Wahrnehmung der kreativen Kraft und der Energie der schaffens Schöpfung
Umsetzung von Eindruck sowie des inspirativen Ausdruckes
Sinne des kreativen Arbeitens
Niemalsendende Ausgewogenheit der Askese der Künste der Welt
Als Seinspunkt zum Dasein im Pantheon der lebenden Zeit

7. Die künstlerische Darstellung

Die künstlerische Darstellung ist da so artenreich
Wie die verschiedenen Gefühle, welche der Mensch in sich trägt
Die Essenz dessen was es zu erkennen und ausdrücken vermag
Der Eindruck als inspirativer Ausdruckspunkt dessen, was die Darstellung zu geben vermag
Die Schaffenden zu den Schöpfern da macht
Erscheinung in Farbe, Bild und dem hörbaren Gute
Von Bewegung und Vibration
Ob Pinsel, Körper oder die Sensation der Schwingung
Ausdruck gibt Impression
Folgend wie fliessend die Inspiration
So lebt das was zu erschaffen ist
Was die Liebe da sei
Als Geburt dessen, was die Entstehung in Schöpfung gebracht

8. Der Kontext Akustik als Soloform

Akustische Soli seien die Krone jedes Baumes des
Individuums alles Hörbaren
Speziell erscheinend als Individualismus im
Artenreichtum alles Liebbaren

Ein Weg in der Authentizität des Klanges
Begangen als die Natur aller zeitlichen Schöpfung
Zur Erhaltung der Tradition von Klangkunst
Bis ins Morgen
Denn was die Wälder der Zeiten wahren nur im
Konsens der Echtheit
Der Kontext der Akustik
Die Weiterführung und Bestehung
Niemals endenden Kultur
Lebende Wege bis zur Allerseeligkeit

9. Progressivität in Soloakustik

Wie der einzelne Ton sich als vollendet
Im Universum auflöst
So seien die Schöpfer des unendlichen Klanges
Alles aus der Zeit da führt
Hinein in göttliche Gefüge aus Sternennebel und
Mondenlicht
So spielt die Laute die Melodien der Unendlichkeit
Zum Rhythmus des Ursprungs alles Lichtes
Denn die Möglichkeit der Vielfältigkeit gegründet
In der Akustik von Individualität und Darstellung
gemündet

10. Ausdruck aus geringer Masse

So klingt eine Stimme da allein so wundervoll
Wie der alldaseiende Engelschor errang
Füllt den Raum so von Wohlklang
Und das nur aus der geringsten Masse
Fast ein Wunder was ein menschlich Wesen
Ein Instrument allein
Unendlich und so wundervoll im Dasein

11. Die vielfältige Kunst der Einfachheit

Einfach geschaffen und als schwierig empfunden
Hart und voller Schwierigkeit erschaffen
Als Einfachheit erachtet
Das kleinste Instrument erfüllt die grösste Halle
Wo die vielfältige Kunst der Einfachheit da waltet
Sei das Werk erschaffen
Zu lieben in einer simplen Form
Saite zum Arrangement des grossen Tuns
Von einer Trommel alleine gespielt
Einfach nur die Ewigkeit

12. Umsetzung rhythmischer Soli in posttraditioneller Form und Gebung

Traditionen entstehen und leben auf Mutter Erde
Schon seit jeher
Erscheinungsformen die Geschichte schreiben und nimmermals ins Vergessen treten mögen
Die stehte Herausforderung, das so zu erschaffen
So dass Entwicklung und Erhaltung der Kultur
Sein Sein behält
Bedeutung einer feinstofflichen, philosophischen Erweiterungs - und Erhaltungsgegebenheit
In rhythmischer, musikalistischer Form
Neue Möglichkeiten in rhythmischer Tradition
Gegebenheiten in göttlicher Emotion
Erneuerbar in diesem Sinne

13. Geistkräftiges erarbeiten rhythmischer Soli

Die Universen rhythmischer Soli sind so abgrundtief
Wie unser selbst ergeht in eben dessen
Wo der eine Rhythmus da endet
Geht der andere in neuer Kreativität ins Sein
Sie zerfliessen ineinander
Lösen sich im Nichts da auf
Schöpfung aus unendlichen Ressourcen da sind
In immerwährender Entstehung als interaktive, rhythmische Schaffung
Das Werk als Ganzes und die Schöpfung in der Blüte
Oder eben die niemalsendende Passion der Güte

14. Von Ausdrucksschaffung und Impression

Die musikalische Schaffung
Als Ausdruck der ureigenen Virtuosität
Als Impression derer, die zuhören
Als Inspiration derer, die achtsam im Klangtraume sind
Ein Ebenbild dessen, was als eine Wechselwirkung da
dargestellt so werden kann
Bildnisse von Zeit
Zeugnisse von der Gegenwärtigkeit
Bewegungen von Geist und Klänge voller Ewigkeit

15. Solokunst als Kunstform

Die Passion des Individualismus
Verwirklichung des seinen Selbst
Die Ode an alle Schöpfungsfreiheit
Die Leidenschaft in der kreativen Solokunst
Liebe zum kulturellen, menschlichen Individuums
Die Mythe der Soloschaffung als Form einer Freiheit
Soloform als Kunst

16. Solokunst als schöpferische Gegebenheit

Schöpferische Gegebenheit als Individualkunst
Geliebt, geschaffen und aus voller Leidenschaft
dargestellt
In der Zeit, von der Zeit und für die Zeit
Schöpferische Gegebenheit als Soloform
Gespielt, geschrieben und aus aller Kraft geschaffen
In der Welt, aus der Welt und für alle Welten
Schöpferische Gegebenheit in der Kunstform des
Solisten
Geschaffen, erschaffen und aus aller Passion geschöpft
Aus Liebe, für die Liebe und aus jeder Überzeugung
geboren

17. Die Erschaffung musikalistischer Energie im Raume (Solo)

Die Raumschaffung des Solokünstlers als die Herausforderung dessen Seelenreichtum
Aus dem Einzelnen für das Ganze in den kreativen Raum des Anscheines nimmt
Energie aus nur einem einzelnen Instrument geschaffen
Mit auch so grosser Wirkung im Auditorium der Klänge
Entstehung wie der Sonnenaufgang an einem lauen Sommerabend
Raumfüllend sowie die Musik alle Körper in Schwingung versetzt
Und die Akustik dem Menschen den Klangtraum zur Seele schenkt
Der Künstler aus seinen tiefen des Körpers und den unendlichen Landschaften des Geistes
Als auch aus der Seele hinaus die Vibrationen schwingen lässt
Alles reflektiert was in Bewegung der Akustik kommen mag
Und die Darstellung des Solokünstlers in Vollendung bringt

18. Lautmalerei in der Solokunst (Onomatopoesie im Physikalismus)

Wenn Klänge Bilder hervorrufen
Das Sehbare ermöglichen
Klanggeschichten, Wege und Bildnisse
Geschichten, Märchen und Mythen
Gespielt auf einem einzelnen Musikinstrument
Musik zum Träumen
Erhört durch das Menschen Ohr
Gesehen mit dem Auge der Kreativität
Solange der Traum schon sei da in Ewigkeit
Werden die Klänge als Geschichten da verstanden
Und die niemals endende Zeit der Lautmalerei als wahr genommen
Geräusche in der Klanglandschaft zu sehen als die Abbilder der Seele

19. Produktivität als Solokünstler

Innerer Antrieb und Quelle der Schaffenskraft
Immerwährend innere Motivation im Ausdruck der allseienden Kreativität
Seiender Ausdruck der kontemporären Arbeit aus tiefstem Geiste
Aus ach so tiefer Seele geschaffen und für die ewige Unendlichkeit im Klange
Durch die Schöpfung einer produktiven Umsetzung aus der menschlichen Wesenskraft

20. Der Chronolog eines Solokünstlers

Zeitgeist als die Individuelle Form des Solokünstlers
Seit jeher ein Spezium der wunderbaren Besetzung
Individueller Ausdruck der Kunst der Zeit
Werdegang des einzelnen Instrumentes
Als seiende Art im Chronologismus des Artisten

21. Von der Fülle der Solodarstellung oder Schaffung von Fülle in der Solodarstellung

Die Fülle als Ausdruck der Schaffung
Der Solokünstler als Schöpfer
Energie der Kreativität des Individuums
Ausdruck aus vollkommener Virtuosität des eigenen Selbst
In der Leichtigkeit der Askese der Seele
Die Fülle der Darstellung in aller geistes Empfindsamkeit
Solokunst

22. Die Raumfüllende Solodarstellung

Aus der Blüte der Schöpfung des Individuums
Geschaffen für die Erfüllung des Hörenden
Solodarstellung in der Sättigung des Raumes

Aus der Quelle der ureigenen Inspiration
Geschöpft für die Solokunst der Zeit
Solodarstellung als die individuelle Form der Muse

23. Erfüllung der Solokunst

Die Selbstverwirklichung als seiendes Karma
Als lebendes Omen
Als der Weg der Knospe zur Blüte
Als die Blüte, welche nach der Verwelkung in der nächsten Phase wieder zu erblühen vermag
Als die Krönung jeder Individualität des Schöpfersymboles
Als die Erfüllung der Seele in der allseienden Kreativität
Als der strahlende Seelenschein in der Kunst der Musen

24. Solokunst als die Bestimmung und Omen

Die Gegebenheit beruht auf der Solokunst des Musikers Kreation
Schritte seiner Inspiration der ureigenen Individualität
Verwirklichung und Entstehung von Klangwelten
Wo der Musiker sich selbst ist und da sei
Und seine Ressourcen auf dem Instrument so zur Blüte kommen lassen kann
Die Bestimmung er auch erfährt und erlebet
Sie sei ihm gegeben
Ein Omen als die Herausforderung und musischer, kreativer Prosa inniger Schaffung
Eine Schöpfungsmöglichkeit in welcher das Ursprüngliche auf dem Instrumentarium umgesetzt
Und als die Authentizität dessen hervorgesungen werden kann
Das Schicksal so sei
Ob die Kunstform des Solisten ist
Das bereichernste Omen in den Welten der Musik
Bestimmt und im Karma der Passion des kreativen Lebens

Ein Omen der Zeit und allgegenwärtig für die Zeit und
die Ewigkeit
Die Solokunst als die Bestimmung und das Omen

25. Instrumentarium in der Soloperformance

Urseintum in der lebenden Moderne
Niemals vergessen und in der Zeit auferlebend wie die
Götter und Göttinnen und derer Ahnen
Als die Solisten aller Epochen
Gegründet in den Urzeiten der Ewigkeiten
Ein Geschenk und eine Geste für den Solisten im Hier
und Jetzt
Als kultureller Ritus für die Urtümlichkeiten
Und die Liebe zu den unglaublichen Weiten der Musik
der Weltengottheiten

26. Die lyrische Welt der rhythmischen Harmonisierung (Rhythharmonie)

Geschichten und Welten voller Wunder in Harmonie
Wunder und Geschichten harmonischer Rhythmen der
Welt in Euphorie

Mythen und Legenden in aller Vielfalt und Muse rein
Geschichten und Mythen in der Feinheit der Harmonie
der Weltenrhythmen sein

Liebe und das Sein in lyrischer Gestalt
Inspiration und die Liebe der Rhythmen in
harmonischem Erhalt

27. Philosophische Welten der rhythmischen Melodien (Rhythmelodie)

Welten und Wunder in aller klingenden Melodie
Werke und Welten melodischer Rhythmen aus urinnerer Passion in Harmonie

Legenden und Geschichten jeglicher Quelle der Kreativität
Gegebenheiten und Legenden in der Schöpfung der Melodie im Rhythmus der Zeiten

Sein und Inspiration in philosophischer Lebendigkeit
Universum und das Sein der Melodien in rhythmischer Form als Vielfältigkeit

28. Rhythmelodische Entstehungsgeschichten (Weltentstehung)

Wie der einfache Rhythmus in der Zeit so schwingt und klingt
Gespielt und zelebriert bis in die Askese der Harmonie
Im Ausdruck zum Tanze der Freundschaft zur Sophie

Wo die Schöpfung aus dem einzelnen Takte den rhythmischen Opus in Harmonie versetzt

In der Inspiration zur Entstehung der Rhythmen der Welt
Lebendigkeit der Kultur und dessen Evolution für die Freiheit
Alles Eigentums in ewiger Hoffnung und Muse

29. Weltenlebende Rhythmusmelodien und weltenliebende Harmonierhythmen

Entstehungen rhythmischer Melodien die weilen
Ausdruck von allgegenwärtiger Weltenliebe
Seiend im Universum schwingt

Weltenlebende Rhythmelodien und weltenliebende
Harmonierhythmen
Gespielt auf Mutter Erde
Für das Seintum und die Freiheit aller Schöpfung
Und so seiend die Muse sie bringt daher

Von Uhr, Zeit und Klang

30. Durch eine Seite schwingt die Entstehung der Welt

Gespielt von den Weltengeistern
Die Saite gespielt zur Entstehung der Welt
Klänge gehen auf, sowie jeder Baum seine wirkliche
Krone bekommt
Die in jeglicher Form und Farbe die Geister des Lebens
erfreuen
Und die Bäume aufblühen in der warmen
Frühlingssonne
Gespielt aus der ureignen Kraft in den Händen der
Schöpfung
Die Laute und das Bendir spielt so die Melodien alles
Lebens auf Mutter Erde

31. Urklang als Konzert der seienden Uhr

Klang, Schall und Schwingung als einfache
Architektonik der Existenz und dessen Realismus
Erhaltung und Aufbau der Zeitengebäude
Sie laufen wie die immerwährende Uhr der
schützenden Zeit

Mutter Erde
Die Erde Unser

Zeitlos ist nur das was die Zeit nicht kennt
So spielt die Uhr das Konzert des Lebens
Und nicht des Todes
Sondern nur des Lebens
So spielt die Uhr das Konzert des Lebens
Ob langsam oder in aller Schwelle
Vom innersten Punkte anhin
Bis zur alllebenden Blüte
Von der Blüte zum Allemerhalt
Einmal und mehrmals zum hin und wieder zurück
Die Liebe der Welten als die Uhr der Welt
Und sie spielt das Dasein in alle Ewigkeit

32. Klänge aus vergessenen Welten

Vergessen und nicht mehr da
Relikte aus vergangenen Zeiten
Was das Ohr vergessen,
Vor und unserer
Als Geste zur Schätzung der Lebhaftigkeit
Vom Urtum alles Seienden

33. Die Ästhetik eines Urlautes

Klang von Anfang an
Ein Geräusch wenn ich mich nicht täusche
Schön wie die klänge der Urzeitlichkeit in Unendlichkeit
Denn was wohl besitzt die ethische Ästhetik in Ewigkeit
Wenn nicht das von woher wir sind
Danken dir oh Welteinkind

34. Niemals vergessen und immer da modern

Die Zeitlosigkeit von allem was
Was ist, wird und sei
Gehuldigt in der neuen Zeit
Zelebriert in aller Ewigkeit
Vorher, jetzt und nachher in jeder Seeligkeit
Bis in die Zeit nach der Zeit
Und auch wenn es sie nicht mehr zu geben da scheint

35. Rootsscales und die Tonleitern der Urzeit

Tonleitern der Urzeit
Artefakte der Ewigkeit
Gespielt aus uraltem Munde
Geatmet im Rauche des Feuers uralter Kunde
Geschöpft aus dem ursakralen Quell
Unerschöpflich und rein wie der Urkistall allem
Seintums so scheinend hell
Skalen in aller Andacht erspielt
Denn Menschen die Frieden der Kultur empfiehlt
Geschaffen aus der ureigensten Achtung
Gelebt und existiert in der Ethik aller Zeiten der Erachtung

36. Von Uhr Zeit und Klang

Die Uhr seit nur Uhrzeiten zur Sekunde klingt
Obwohl es gar von Nichten singt

Zeit, Zeit und Unendlichkeit
Obwohl das Nichts allgegenwärtig sei in der Vergangenheit

Von Uhren, Zeit und der Moderne
Obwohl die Zeit es nie gegeben habe oder es Erlerne

Urzeiten auf Gezeiten
Obwohl es die Zeit nicht gar gibt
Sondern nur die Gegebenheiten da liebt

37. Instrumentarium alter Zeit

Von Knochenflöte und den Trommeln der Urzeit
Urklang als Erinnerung zum Ethos für Seinzeitlichkeit

Vom Klang des Körpers bis in die Musik der Noten
Urklang als Bestimmung und Ritual zur Erhaltung von Ewigkeit

Von Instrumentarien alter Zeit
Urklang als seiendes Zeugnis von der Macht der Vergangenheit

38. Kunst und Formen auf (aus) unserer Welt

Von Farbe da darf es nicht fehlen
Aus Farbe entstand die Welt
Farbe um Farbe so klingt unser Erdensein

Von Klang hier sollte es nie weisen
Aus dem Klange sei die Erde geschöpft
Klang um Klang so das Weltenbild

Von Erde so sei alles was ist
Aus der Erde die Mythen entstanden
Erde auf Erde die Figur der Schöpfung und allem Seienden

Wirklichkeiten der Klänge

39. Wirklichkeiten der Klänge

Dargespielt und vergangen in aller Ewigkeit
Seiend im Weltenreiche des Geistes
Wenn die Zeit als so wirklich Erscheint
Und die Zeiten im Sein der Realität vergeht
Sei der Klang immerda so der Wirklichkeit
Wie uns Sonne und Mond die seinende Geste unserer Erscheinung ergibt

40. Unfassbar zeitlich

Als wenn die Zeit im Winde verweht und zergeht
Energien von voller Klanglichkeit
Zeitgenössisch und im Hier und Jetzt sind Leben und Beseelung
Gemeinsam auf der Suche nach der Muse der Zeit

Das Geschehen im zeitlichen Moment als Zeichen
Von barer Allgegenwärtigkeit menschens Kreativität
Zeit sei nicht fassbar
Ist nur im Leben stehts in Bewegung
Unfassbar zeitlich so leben wir daher

41. Fassbar zeitlich

Der liebe Chronolog unseres Planeten Erde
Geschichte als Fassbare Zeit

Und Zeiten bis in die unendlichen Landen der Ewigkeiten

Fassbar zeitlich das Artefakt der Kulturen
Der liebe Geist unser aller Existenz
Geschichte des Daseinsgrundes unserer

Und Zeiten erhalten in Schrift und Bild, Figur und Klang

Fassbar zeitlich eingefasst und dicht verpackt
In ein Geschenk an alle von den Unseren und den
Denen

42. Unantastbar zeitlich

Die Unantastbarkeit der Unendlichkeit
Zeitlichkeit der Ewigkeit
Die Wirklichkeit der Unfassbarkeit
Lebhaftigkeit der Zeitlichen Unsichtbarkeit

43. Wie wirklich können die Klänge sein

Alles kann so wirklich sein sowie es unserer Realität innewohnt

Die Liebe

Klänge fliegen durch die Welten
Emotionen ausgelöst
Nicht ist ohne die Schwingung im Hier und Jetzt
Klänge umgeben das allseiende Dasein
Liebe ausgelöst
Alles entstand durch die Geräusche des Seins
Klänge aus denen die Welt besteht
Bewegung ausgelöst
Nichts da vergeht in den Farben der Welt
Klänge über Klänge
Ewigkeit da sei
Und alsdann die gute alte Liebe

45. So sei die Authentizität der Wirklichkeiten

Die Echtheit vom Klange
Der Mensch
Die Zeit
Und die Liebe der Muse
So sei die Zeit das was wir als Liebe erkennen sollten
Der Mensch
Die Zeit
Und da die seiende Liebe

Von Verwirklichung und Vergeisterung

46. Vom Realismus und Träumen

Der Realismus ist das Dasein in der Verwirklichung
Träume die Vergeisterung dessen
Was wir als Wunsch der Wahrheit vernehmen
Nur ist die Wahrheit auch im Realismus nicht
Unmöglichkeit der Liebe gewohnt
Realismus und Träume
So nah und doch so fern
Leben in der Distanz der Ewigkeit
Zusammen sonst niemals eins

47. Entstehung bis die Klänge im Winde der Zeiten vergehn

Vom Wachsen bis in die Gedeihung
Entstehung bis alles sei vollkommen
Das all zergeht in den Zeiten wie die Klänge im Wind
Vom Sein und Vergehn
Vergangenen sei doch nur das was war
Die Erde vergeht niemals mehr in der Vernunft der Zeit
Vom Klang zum allseienden Sein

48. Die Existenz der Vergänglichkeit

Wenn also die Existenz der Vergänglichkeit innewohnt
Was sei denn wenn der Geist weiterlebt
Seintum als Ewigkeit
Vergänglichkeit
Und doch vergeht der Klang im Ganzen unserer
Realitäten Traum
Und ist immerseiend und unvergänglich
Lebt so immerda einer im Pantheon der Zeit der
Ewigkeit
Nichts ist gemeint niemals der Vergänglichkeit
Und jedoch der Ewigkeit
Amen

49. Vergänglichkeit als Ewigkeit

Die Ewigkeit ist allerseits unvergänglich
So auch der Klang niemals vergehen kann
Sie sei so von der Wahrheit und von Fülle wie ihre
Leere da ist
Die Vergänglichkeit endet immer in der ganzen
Ewigkeit der Liebe
So spielt die Musik bis in die unendlichen Landen der
Zeit

50. Leben in der Ewigkeit

Die Ewigkeit beginnt da wo alles begann
Zeitbeginn und da immerwährend der Kreislauf
Allseiend mit einem Ende welches niemals existiert hat
und Immersein
Leben da so also alle Realitäten welche die Ewigkeit
anerkennen können
Ein Geschenk für alles Lebende auf Erden
Und in jeglicher Dimension
Leben und Tod seien Phasen des ewigen Seins
Aus Achtung, Respekt, Liebe und die liebe Freiheit
Da lebt die Ewigkeit in jedweder Form auch immer
Und lebe da in die Ewigkeit hinein

51. ...und ewig sei der Klang im Ohre...

Wenn alles vergeht im laufe der Zeit
Im Geiste zur Ewigkeit
Der Klang der Zeit sei ewig im Ohre der Welten
Wenn die Zeiten vergehn sei der Klang in der Ewigkeit
des Hörens niemals vergangen
Der Klang der Zeit ist in jeglicher Form und Ebene da
seiend
Vergangen und Erhalten in dieser Art und Weise
Und Ewig sei der Klang im Ohre zu lesen

52. Zeitens die Entstehung gegebenenfalls die Ewigkeit

Ist alles so ewig was in der Entstehung war
Jegliches was in Schwingung steht
Im Traume ist alles von Möglichkeit
Entstehung und die liebe Ewigkeit
Im Realismus alles kann zergehn
Aber niemals ist verloren die Liebe

53. Die Uhr des Klanges

Eine Freundschaft seit allen Zeiten
Ein Geschehen das nie ausklingt
Was ist ende und wo Beginn
Die unendliche Zählzeit des Lebens
Die Klanglichkeiten der Uhr von Zeiten
Was ist Zählzeit und wo sie immer Begann
Eine Zeit, welche keine Uhr benötigt
Ein Zeitalter wo Sonne, Mond und Sterne die Zeit bestimmen
Was ist die Uhr des Klanges
Die Metren der Zeit
Die Zeit der Vergänglichkeit

54. Philosophie der Zeit

Zeit an Zeit und Zeiten über Zeiten
Traum an Traum und Träume über Träume
Dimensionen an Dimensionen und Dimensionen über Dimensionen
Bewegung an Bewegung und Bewegung über Bewegung
Entstehung an Entstehung und Entstehung über Entstanden
Vergangen sei Vergangen und Vergangen über Vergangenen
Alles sei Alles und Nichts sei Nicht
Und alsdann die Liebe

55. Von Entstehung und dem ewig währenden Sein der Zeit

Entstehung so dass in ihr alles zergeht
Vergehn so die Entstehung, vom Winde verweht
Ewige Zeit so niemals ergeht
Und der Traum so immer sei im Leben der Zeitlichkeit
Das Sein, so die Zeit
Die Zeit, so sei das Sein
In der Einsamkeit allein
Ewiges sein so niemals vergeht
Und so das Sein da ist, dass es die Ewigkeit da gibt
Vom Klange zerweht
Und so in die Zeit verliebt

56. Wo die Sonne klingt wie sie scheint, sowie der Schnee das Licht und das Universum niemals endet

Da Leben die tanzenden Geister unserer Ahnen
Wie sie lebten und liebten

Da lieben die singenden Seelen unser
Wie sie schwingen und sie klingen

Da leben die liebenden Geister unserer Mutter Erde
Wie sie lachen und niemals vergehn

57. Zeit ist Klang

Alles was der Klang da ist und sei von Zeit und Zeitlichkeit
Nichts ist keiner Schwingung ergeben
Alles hat das Glück der Harmonie des Klanges innezuwohnen
Zeit ist Klang und Klang ist Zeit

Alles was die Zeit da ist sei von Klang und Klanglichkeit
Nichts ist keiner Gegenwart ergeben
Alles hat das Glück die Sekunde wie ewiglich
Zeit ist Klang und Klang ist Zeit

58. Klangzeit

Sei schon immer dies was die Klänge den Zeiten
So die Zeiten den Klängen
Den Epochen immerda innewohnt
Dem Zeitleben schon seit jeher den Sinn der kulturellen Klanglichkeit
Als in Ewigkeit liebend, lebend und voller
Unendlichkeit seine Existenz schenkt
Klangzeit als aller Klang der Zeiten

59. ...oder einfach woher, wohin und wieder zurück...

Woher das Menschen Seintum
Wohin wir auch gehn
Woher des Geistes Philosophie
Wohin des Allseintum Dasein der Weltenseele
Im inneren Kreislauf von Mutter Erde
Woher, wohin und wieder zurück

Vorstellungen und Imaginäre Klangvisionen

60. Was die Vorstellung zum Klange macht
   oder
   Was der Klang zur Vorstellung macht

Einst gehört und aufgenommen in aller Innigkeit
Immerda im Pantheon der Klänge in deiner kreativen Seele
Träume voller Klang und Vorstellung in aller Inspiration

Erhört und allseiend in allen Seelen der Erde
Weltenseel da im Klange der Universen
Erhört und niemals in Vergangenheit
Weltenseel als Medium des Klanges

Einst gehört und dann und wann der Vorstellung erscheint
Immerda im Geiste unserer seienden Muse
Träume aller Vorstellungen der Schwingung und Klänge sind entstanden

61. Was das Auge sieht und das Ohr da hört

So weit wie das Auge reichen mag
Der Klang im nichts zergeht
So weit wie das Ohr auch hören mag
Das Auge in die Weite reicht
Klangtraum als seiendes Manifest der Fantasie
Das Ohr im Klange der Weltentstehung
Das Auge in die Weiten der Gestirne
Klangtraum als Inspiration all der möglichen Arten von Traum
So weit das Auge dem Traume Wege weist
Der Klang ihm das Selbe tut
So weit das Ohr da hört bis ins Zergehen der Klänge
Und in allen weiten da alles Vergeht

62. Von der Imagination zur Ewigkeit

In aller Vorstellungskraft erscheinen die Träume
Alsdann vergangen im Schatten der Ewigkeit
Als dann im ewigen Licht ihren Platz gefunden
In aller Vorstellungskraft erträumt

63. Welche Wirklichkeit auch immer

Ob hier, da oder sonst wo
Nebenan oder oben drauf
Untendrunter oder oben eben
Welche Wirklichkeiten auch immer
Ob hinten, vorne oder überall
Innen drin oder gar nicht hier
Aussen herum oder Seintum
Welche Wirklichkeiten auch immer oder Scheintum

64. Klangvisionen

In allem Erhören die Zeiten sind
Visionen voller Klanglichkeit
In allem hören die Welten seien
Klänge voller Ersehnlichkeit

65. Von der Schwingung zum unendlichen Klang

Was einst entstand in der göttlichen Schöpfung
Geräusch und Schwingung dessen
Heute erklingt in Raum und Zeit

Was einst geschöpft in der allseienden Geschichte
In Klang und Liebe dessen
Ewig erklingt das Licht

66. Und wie lang bleibt es dann Klang

Der Herr Klang flüstert in dein Ohr für immer
Seine Liebste spürt es all zu sehr
Und als die Welt zerging
Was ist und bleibt der Klang
Entstehung, Erneuerung und gegebenenfalls ein Ende
Allebenheit
Alllebenheit
Im All das Leben der Vergangenheit

Entstehung, Erneuerung und gegebenenfalls ein Ende

Entstehung

67. Woher die Schöpfung auch kommen mag

Wahrheiten nach und über Wahrheiten
Geschichten viel und mehr Geschichten
Mythen wahr und des Nichten Mythen
Wahrheiten über Geschichten und Mythen
Nachgeliefert, überliefert und viel da mehr
Wahrlich ist nichts von Nichten

68. Erschaffung vom Klange auf Erden

Klang von vor der Erde
Klänge von vor der Weltentstehung
Erde aus den Klänge erschaffen
Welten in welchen Klänge
Klang von allen Planeten
Klänge von jeglicher Welt
Planeten aus dem Klange geschöpft
Welt von jeglichem Klange erzeugt

69. Aus dem Klange sei die Erde erschaffen

Schwingung ist allerseits im All
Seit wann, kann man hier nicht sagen
Ein Anno gibt es nicht
Aus Schall und Geräusch entstanden
Erschaffen in der Ureigensten Energie der Schwingung

Aus dem Klange sei die Erde erschaffen

All sei allseien in der Schwingung
Können hier von Nichten sagen seit wann
Es gibt kein Anno
Entstanden aus Geräusch und Schall
Schwingung als die Schaffung des Alleigensten

Die Erde sei erschaffen aus dem Klange

70. Die Wiege des Klanges

Ist da wo die Sterne sind
Sei dort wo der Schatten im Licht zergeht
Ist da wo alles beginnt
Ist da wo der Anfang im Ende zergeht
Sei dort wo der Mensch, Mensch ist
Ist da wo sich der Geist der Seele ergibt
Sei dort wo die Engel lernen zu fliegen
Ist da wo die Sterne sind

71. Von Anfang an da

Was ist schon Anfang an da und nicht Ewig
Vielleicht das Nichts
Was ist nicht von Anfang an da und Ewig
Vielleicht alles
Vielleicht ist das Nichts von Anfang an da
Ewig und von Anfang an
Vielleicht ist Alles von Anfang an da
Vielleicht nichts

Erneuerung

72. Erneuerung klanglicher Gegebenheiten

Von Phase zu Phase
Von Werk zu Werk

Klanglich Gefüge erscheint so von Neuem
In aller Herzhaftigkeit und Inspiration

Von Opus zu Opus
Von Impression zu Expression

Das Werk im Wandel der Zeiten
In aller schaffens Kreativität

Von Schöpfung zu Schöpfung
Von der weltenwesens Quell zur unendlichen Kreativität

73. Erneuerung als Erhaltung der Harmonie

Nichts ist vergänglich
Hier zum Erneuern geboren
Alles ist Vergänglichkeit
Nur die Erneuerung ist die Ausgewogenheit
Die Vitalität der Weltenharmonie
Erneuerung als Erhaltung der harmonischen Gefüge
Jeglich Harmonie sei allseiend
Hier und immerda
Nichtig sei das Vergehn
Die Ästhetik der Schwingung
Nur Erneuerung kann die ewige Quelle der Kreativität erhalten
Erhaltung der Harmonie durch die Wiedergeburt alles liebenden

74. Erneuerung der Welt als die Erhaltung der Harmonie und des Lebens

Was Lebt sei unvergänglich
Sodass neues entstehen kann
Was lebt ist in aller Dankbarkeit
Sodass altes da währt wie die Vergangenheit

Erneuerung als Erhaltung
Erhaltung als Erneuerung

Was ist sei ewig
Sodass wir das Leben schätzen
Was ist wie alles
Sodass alles da währt

75. Eine Wiederentstehung des Klanges

Sei der Klang auch ach so still
Ruhig wie die See ohne die Winde

Sei neues im Anbruch
Wie der Morgen nach der Nacht

Sei der Klang von tiefem Herzen
Entstanden und wieder Entfacht

76. Chance zum Frieden

Was da so dunkel und voll von Rost
Alt und nicht ohne Tücken
Kann zergehn in der Erde zu sich selbst
Sodass da von neuem die Pflanze des Friedens
heranwachsen kann
Frieden und unsere Welt
Gespielt auf der Laute der Ewigkeit

77. Klänge des Friedens

Klänge des Friedens sind so artenreich
In einer Vielfalt wie sie nur zu wünschen sind
Hör wie schön die Musik auch klingt
Und wie der eine wie der Andere da schwingt
Klänge des Friedens sind so wunderschön
Friede sei und niemals verklingt
Der Liebe ich fröhn

78. Klangliche Erneuerungen als Fülle des Friedens

Was ich alles im Klange neu erschaffen
Gilt als Nahrung für das was kommt
So wie die niemals endende Quelle der Inspiration

Neuerungen der Klänge
Alllebende Fülle
Und ewiges Sein

Wenn sich die Klänge von selbst erschaffen
Waren die Götter der Musik am Werke
So wie der niemals endende Geist der Kreativität

Und gegebenenfalls ein Ende

... und gegebenenfalls ein Ende...

79. Das Nichts im Klange

Zu hören wenn die Schwingung ist
Zu spüren was nicht klingt da klingt du bist
Zu sehen wenn Energie da waltet
Zu lieben weil alles da schwingt und altet

80. Nichts als Schwingung

Nicht einmal im Nirgendwo ist die liebe Schwingung
nicht zu hause
Von Menschen, Körpern, Planeten und dem Baum des
Allseins
Nirgendwo wohnt die gute Schwingung von Nichten
inne
Von Emotionen, dem Empfinden und all den Gefühlen
Unsere Welt lebt sich in Schwingung und der
Unendlichkeit

81. Die Bedeutung des Endes in der immerwährenden Schwingung

Der Beweis für die Ewigkeit der immerwährenden
Lebhaftigkeit unseres Lebens
Ende... nichts von wahr
Der Anfang ändert seine Weise nicht
Denn wenn die Schwingung sei so nicht
Ende... alles stellt sich dar
Die Antwort ist eigentlich nur die ethische Haltung des
Gebens so rar

82. Was sein könnte und was Berge versetzen kann

Kann nicht alles sein was des Wunders würdig
Möglichkeit wie ein Berg an einem andern Ort
Ein Berg aus Gedanken reich an den Steinen des
Lichtes
Wie das Märchen in welchem der Mensch für den
Anderen die Sterne vom Himmel holt
Also kurz, was sein könnte und was Berge versetzen
kann

83. Das Märchen vom Ende des Klanges
oder
Geschichten die niemals enden können

Es waren Zeiten so etwa wie die unsere
Bestückt mit dem Staub der Sterne
Nur was das Bewusstsein da
Dass alles was klingt und Schwingt niemals enden kann
Dies ist so über das Ohr das, was der ach so kleine
Unterschied bedeutet
Mythen und Märchen über ein Ende, welches die
Schwingung im Traume nicht erwarten kann
Geschichten sind im Traume von mehr als der Ewigkeit
Obwohl die Märchen über was auch immer stehts ihre
Wahrheit haben können
So lebte die Schwingung das Leben hinein bis sie nur
noch Ewig da waren

84. Was wenn der Klang zergeht

Wo lebt er dann weiter
Sehr wahrscheinlich überall
Nur nicht in der Realität

Es klingt, es klingt, es klingt nicht mehr

Wo träumst du auch wieder hin
Sicher dort im Weltenhaus
Da klingt der Klang immer, immer und immer

Es klingt, es klingt und der Klang ist sehr

85. Die Unmöglichkeit des Zerfalls

Was Geist sein Kleeblatt nennt
Heisst dem Titel seine Wahrheit

Was Seele das Omen des Glücks nennt
Heisst der Wahrheit seinen Titel

Was Körper das Gefühl von Natürlichkeit nennt
Heisst allem sei die Wahrheit inne

Wiederaufbau

86. Wiederaufbau und Erneuerung

Sparte der Musik
Elemente der Strukturform
Wiederaufbau und Erneuerung
Und immer zur Farbe der wieder blühenden Blüte
Abschnitte des Ganzen
Teile der Weltenform
Erneuerung und Wiederaufbau
Und immer zur Ästhetik
Einer neu blühenden Blume der Prosa

87. Schwingung sei ewig

Ewigkeit liegt der Schwingung inne
Seinskraft und Muse
Seiender Klang und schöpferische Muse
Seiende Existenz
Schwingung liegt der Ewigkeit inne
In der Kraft der Muse und des Seins
Schöpferischer Klang und Seiende Muse

88. Auch wenn es im Seienden zerfällt
   Die Ewigkeit sei immer da

Überall und Nirgendwo
Hier und dort
Die Ewigkeit sei immer da
Ob zerfallen oder zergangen
Ob vergangen oder einfach weg
Die Ewigkeit ist immer da
Auch wenn sie im Scheine zerfällt
Uns die Ewigkeit im Allseintum erhält

89. ...und wie der Klang so wieder entsteht...

Oder gar immer war da
Spielt die Musik das Leben einher
Spürst die Winde der warmen Zeit
Farbenpracht oh Farbenpracht
Ästhetik im höchsten Sinne
Eine Wonne für jeglich Leben
Wohlklang aus Mutter Natur
Entsteht so der Klang auch neu
Bleibt der Mensch seiner Muse treu

90. Von neuem gespielt von neuem entstanden

Improvisiert aus tiefster Seele und höchstem Geist
Die Freiheit weiss wie es sie zu spielen heisst
Von neuem gespielt von neuem entstanden
Vielfalt im Pantheon der Möglichkeiten
Der Artenreichtum
Er lässt einem die unendlichen Weiten sein
Von neuem entstanden und von neuem gespielt
Schöpfung

Schöpfung

91. Schöpfung des Klanges

Da fragt sich der Mensch wo die Schöpfung des
Klanges seine Wiege auch haben mag
Wo der Klang, die Schwingung und die Geräusche
Die Vibration, die Emotion und die Sensation unseres
Universums die Schöpfung getragen haben
Alles was in Schwingung des Seins
Jeglich Seintum, welches auch nur ein wenig von
Schwingung innewohnen kann
Kann Vernunft in Mythe, Geschichte und allerseits der
Wahrheit haben
Das Schöne am Ganzen sind die alten Traditionen,
welche den weissen Elephanten auch ehren
Die Schönheit an allem ist doch das aus was die
Träume sind
Sternennebel und Mondenschein
Die Liebe warme Sonne und die Feuer unserer Ahnen

92. Ob Anfang oder Ende, allseiend der Klang

Seiend in unserem Universen
Allseiend der Klang
Seiend ob Anfang oder Ende
Allseiend jeglich Schwingung
Seiend in jeder Dimension
Allseiend wie die Liebe
Seiend auch wo die Monde ihre Schatten werfen
Allseiend die Harmonie zu Scheine
Seiend in all und jeder Inspiration
Allseiend wie die Sensation der Freiheit

93. Schwingung sei seiend

Sowie das Nichts
Sowie die Gestirne alles Seintums
Als auch alles
Als auch die Liebe
Sowie die Allgegenwärtigkeit der Harmonie
Sowie es die Freiheit kund tut
Schwingung sei seiend

94. ...und von aller Ewigkeit...

Musik als Schöpfung von aller Ewigkeit
Bis in alle Ewigkeiten
Von Urklang bis zum Grossorchestralen Werke
Von der alten Zeit bis ins Morgen

Musik als Ursprung der schwingenden Kultur
Bis in alle Universen
Von Liebe und Leidenschaft
Von Menschen zu Menschen

Die Unglaubliche Mythe der Schwingung

95. Was nicht schwingt, das nicht klingt

Alles was Klingt das Schwingt
Sei es nicht in diese Zeit versetzt
Kann es nicht sein und ist dem Klange ach so fremd

Alles was Schwingt das klingt
Und wenn es nicht schwingen kann
Ist es aller Existenz so fremd

96. Von Leben und Schwingung

Schwingung heisst leben
Vom Tanzen, Singen und Springen

Schwingung sei Passion
Von Liebe, Herz und Leidenschaft

Schwingung sei Passion
Von Emotion, Vibration und Sensation

Schwingung ist die Allgegenwärtigkeit der
Lebhaftigkeit
Von Geburt und Schöpfung
Zu allem was sei

97. Mythen voller Klang

Die Geschichten unserer Ahnen
Dicht verpackt und überliefert
In Mythen voller Klang
Geschichten über Geschichten
Mythen sind Mythen

Die Klanggeschichten unserer Vorfahren
Klänge soweit das Ohr auch reicht
Und gefasst in Mythen voller Klang
Mythen über Mythen
Klang sei Klang

98. Klangmythen

Gespielt auf dem Instrumentarium aus den
Unsterblichen Landen
Die malerischen Geschichten in Liedern die Mythen
überliefert

Des Barden unendliche Schaffung als Buch des
Klanges gesungen

Erhört von Geistes Ohr und den Musen der Götter
Gespielt aus inniger Muse ureigener Kreation

99. Geschichten aus purer Schwingung

Pure Schwingung ist Energie so rein wie der Kristall
des Lichtes
Geschichten dessen so rar sowie die Seltenheit
Überliefert von den Geistern der Ewigkeit
Geschichten aus purer Schwingung
Erzählt von weissem Barte und aller Weisheit
Erhört nur von den reinsten Seelen Geiste
Geschaffen für alle Welten dann

100. Die Erringung der Schwingung

Erringbar oder auch nicht
Ein unabdingbares Gut von Energie
Vom unglaublichen Werte Leben

Erringung der Schwingung
Energiequellen im Allseintum des Universums
Von innigster Vibration zur Welt

101. Erdenklänge

Trommeln aus der Erde erschaffen
Für Mutter Natur und das Weltentum

Lauten gespielt von Ahnenhand
Für das Seintum aller Welten

Gesungen aus den Lichterwesen Stimme
Atem voller Sternenstaub

102. Unglaublich wie die Erde entsteht

Von Entstehung zu Geschichte
Von der Geschichte und ihrer Entstehung

Unglaublich wie die Erde entsteht
Von Mythen und Wahrheiten
Von Wahrheiten und dessen Mythen

Die Erde entstanden so unglaublich
Von Klang zum ewigen Gesang
Vom Gesang zum urseienden Klang

Unglaublich wie die Erde entsteht

Hin und wieder zurück

103. Die Unglaubliche Mythe der Schwingung

Wer weiss auch wann die unglaubliche Mythe den Ursprung fand
Niemals endend und für immer sie sei
Wunderschön und der höchsten und seiendesten der Ästhetik
Sie sei die Erde, das Feuer, das Wasser und der Wind
So von Schönheit das dem Ohre seinen Sternenstaub
Von vielfältiger Einzigartigkeit welche die Energie der Schwingung nur sein kann
Manchen ein Rätsel wie ein lebenstes Labyrinth
Jedem ein Gefühl von Liebe, Leidenschaft und Freiheit

Von Rhythmen, Welt und Universum

104. Rhythmen die die Welt erlauben

Gespielt auf den Trommel von Mutter Erde
Rhythmen so heilig wie die Liebe des Universums

Rhythmen die die Welt erlauben

Klingen so wie des liebenden Herze pocht
Rhythmen vom ganzen Leben

Rhythmen die die Welt erlauben

105. Der Rhythmus aus dem die Welt entstand

Aller Herzen Rhythmus aus dem innigen Ursprung der Welt
Geschöpft aus dem Daseinsgrund unseres allseienden Universums

Der Rhythmus aus dem die Welt entstand

Aller Liebe sei die Herzenstommel da gespielt
Geschaffen aus dem was die Sterne sind

Der Rhythmus aus dem die Welt entstand

Die Komposition aus göttlicher Hand
Arrangement für die Liebe und Harmonie des Lebens auf Erden

Der Rhythmus aus dem die Welt entstand

106. Das Universum als Rhythmus
Der Rhythmus des Universums

Von den fernen Gestirnen
Zurück zur Venus bis dorthin wo die Weltenmutter die
Herzenswärme der Erde verspürt
Sie ihn einbettet in die Herzensseelen der Menschen
In das Seintum aller Lebewesen die in unserem
Universum hinein
Schwingen und klingen

Vom Universum als allseiender Rhythmus getragen
In Schwingung mit dem Sein unserer Ahnen aller
Zeiten
Die rhythmische Melodie des Urseintums
In der Harmonie aller Rhythmen die Zeiten bestimmt
Singen und klingen

107. Die Welt als Universelles Rhythmusgefüge

Welten aus urrhythmischer Kraft
Den Wurzeln der rhythmischen Zeit
Entstehungen aus der urseienden Harmonie
Der Schöpfung aus dem Sein der Passion
Gespielt aus aller Lichterwesen Geste
Erhört in den Ohren der Schöpfung
Die Welt als Universeller Rhythmus
Das Gefüge aller Zeiten
Bis in die fernen Gestirne des Ewigen Lichtes

108. Rhythmen der Welt

Der tiefste Rhythmus des urliebenden Herzen der Welt
Innigste Harmonie in der Schwingung der Zeiten

Rhythmen der Welt als die farbenfrohe Vielfalt alles
Seienden
Was ist, bleibt und sein wird
Der Puls aller Zeiten als die Bewegung der Welt
Bis in den tiefsten Kosmos da Schwingend
Rhythmen der Welt so Artenreich wie alle Wesen
Seiend Mutter Erde da ist und bleibt
In aller Ewigkeit
Friedfertigkeit

109. Die Welt als Rhythmus

Rhythmen entstehn
Rhythmen vergehn
Die Welt als Rhythmus
Rhythmen bewegen
Rhythmen sind ein Segen
Die Welt als Rhythmus
Rhythmen schwingen
Rhythmen klingen
Die Welt als Rhythmus
Rhythmen da seien
Rhythmen gedeihen
Die Welt als Rhythmus
Rhythmen sind voller Ewigkeit
Rhythmen der Unendlichkeit
Zukunft und Vergangenheit

110. Welche Schwingung dem Rhythmus inne wohnt

Wirklich bestand der Urklang aus des selben
Die Vibration welche die Erde ergab
Das was der Entstehung innewohnt
Mythen über Märchen
Märchen über Mythen
Aus dem was die Geschichten sind
Vielleicht einfach nur sowie die Trommel klingt

111. Geräusch sei Entstehung

So die Erde wie die liebe Musik
Entstehung ist was der Klang so wird

So der Liebe Mensch wie Mutter Natur
Alles was Schwingung ist und was Klang da sei

Geräusch sei Entstehung

So sei alles in Bewegung was da Lebt und Liebe
Liebe, Vibration, und alles was da Schwingt

So entsteht unser aller Universum
So zergeht des Selben im Sternenwind

Geräusch sei Entstehung

112. Am Anfang was das Geräusch
Am Anfang war der Klang

Allseiend und von allem Sein
Bis ins Nichts und davon bestehend

Die Ewigkeit in sich während
Die Ewigkeit in sich während
Voller Vielfalt und Reichtum
Die Ewigkeit in sich während
Die Ewigkeit in sich während
Die Vielfalt voller Reichtum

Allseiend und von allem Sein
Bis ins Nichts und Allem

Erleuchtung in diesem Sinne

113. Erleuchtung in diesem Sinne

Wie auch der Klang ins Herz da scheint
Es sei Erleuchtung in diesem Sinne
Vom Ur zum Klange vom Nichts zum Geräusch
Erleuchtung in diesem Sinne
Vom Glück zum Klee ich mich besinne

114. Von Geräusch Klang und Erleuchtung

Was den Klang zur Entstehung bringt
Geräusch geschrieben in aller Passion
Die Erleuchtung im Puls des Herzens des Lebens

115. Die Erleuchtung des Klanges

Gespielt im Traume der Harmonie
Der Melodie des Lebens
In Energie mit den allseienden Klängen der Menschlichkeit
Erleuchtung des Klanges als alle Offenbarung der Göttlichen Einheit
Gespielt in der Vollkommenheit alles schwingenden Seintums

...Und zu guter Letzt...

116. Wo kein Ende sei, da spielt die Musik in alle Ewigkeit

Also überall da wo der Sternennebel die Pforten in die Weiten des Herzens öffnet
Der Gefilde unweit der Quelle alles Lichtes Bewegt
Da wo der Ewige Klang alles Urseintums im Strahle aller Lichter eins wird

Die Energien in Allem eins werden
Wie wenn sich Menschen lieben

Wo kein Ende da sei
Da spielt die Musik in alle Ewigkeit

117. Wo ein Ende sich zeigt, beginnt der Klang zu sein

Klang sei die Erleuchtung allem was ist
Erleuchtung dessen was in Ewigkeit schwingen mag
Klang in jeglicher Ebene und Spiritualität
Erleuchtung in verschiedener Vielfalt
Klang als Offenbarung dessen was in uns sich in den Universen öffnet

118. Ob der Anfang oder das Ende
    Die Schwingung nie vergehen mag

Schwingung ist allseiend
Das was immerwährend ist
Allseiend sei Schwingung
Immerwährend das was ist

119. Am Ende war der Klang
    Am Ende war das Geräusch

Nichts als Klang
Alles was schwingt
Nichts als Geräusch
Alles was singt

Alles sei Stille
Nichts ist ruhe
Alles sei nicht
Nichts ist tot

120. ...und so war der Klang allseiend...

Von der Schöpfung da Ewiglich unser
Von der Entstehungsgeschichte die nur im Sein so ist
Bis in die unendlichen Weiten des Allseienden
Bis dorthin wo der Sternennebel im Klange zergeht
...und so ward der Klang allseiend...
Von aller Vielfalt der Kreation
Von jeglicher Inspiration des Seienden
Bis alles nur noch Klang ist
Bis die Liebe in der Leidenschaft der Kreativität zerfliesst
...und so ward der Klang allseiend...

121. Niemals ein Ende da sei oder Anfang und Ende sei eins

Was nicht ist, das ist
Was ist, das ist
Was ist, das immer sei
Was ist, sei Schwingung
Was nicht ist, sei Schwingung in den Unweiten der Imaginationen des Universums

122. ...und so ward der Klang zum Alleinen...

allseiend   allschöpfend   allnährend
allschöpfend   allnährend   allseiend
allnährend   allseiend   allschöpfend

allschöpfend   allnährend   allseiend
allnährend   allseiend   allschöpfend
allseiend   allschöpfend   allnährend

allnährend   allseiend   allschöpfend
allseiend   allschöpfend   allnährend
allschöpfend   allnährend   allseiend